JN069335

材料2つと
すこしの調味料で
一生モノの
シンプルレシピ

長谷川あかり

飛鳥新社

メイン素材 1 種類 × 野菜 1 種類 で おいしくてラクチン、が叶えられます

「野菜をたっぷり食べたいけど、料理をする時間がない！」
「時間はあるけど面倒くさい！」
この本は、そんなときに手にとるのにぴったり。
"たんぱく質食材1種類"+"野菜1種類"の2素材で完成するレシピ集です。

たんぱく質食材は、肉や魚、卵や大豆製品といった、いわゆるメインになる食材のこと。
そこに好きな野菜をひとつ組み合わせるだけなので、下準備の手間が大幅にカットでき、毎日の食事作りが驚くほどラクになります。
ひとつの料理に使う野菜はたっぷり。
野菜も半端に余らせることが減り、食材の管理がぐんとラクに。
ひと皿で、食物繊維や各種ビタミン、ミネラルもしっかり補給できます。

なにより2素材レシピはシンプルだから、食材本来の味わいがしっかりと感じられます。
香りや酸味、辛みで奥深さを出すように工夫したので、バリエーションは無限大。
ラクに作れるだけではなく、おうちごはんだからこそ味わえる、ぜいたくな料理なのです。
じつは私の普段の家ごはんも、ほぼ毎日2素材レシピで成り立っています。
今まで作ってきたなかで、とくにおすすめのものをこの本で紹介していますが、素材本来の味を楽しむために、やや薄味にしてあります。
必ず最後に味見をして、足りなければ適宜塩を加えてととのえてください。
そうすると、薄味派の方と濃い味派の方が同じ食卓を囲む場合も問題なく、また、失敗がありません。

一度レシピ通りに作って味を覚えたら、その先は自由！
シンプルな2素材レシピは、作り慣れるうちにだんだん余裕ができると思うので、余っている食材を足したり、肉や野菜の種類を変えたり、トッピングをアレンジしたり…お好きなように作ってOK。
自然とレシピが自分の暮らしになじんできて、きっと「自分オリジナルの料理」になっていくはず。
そうなったら、私もすごくうれしいです。
味わい豊かで、作りやすく、体にもやさしい2素材レシピを、自由に楽しんでください。

長谷川あかり

| CONTENTS |

Part 3

卵・大豆素材 × 野菜 のおかず

Part 4

具たっぷりスープ と ワンボウルごはん

この本のレシピについて

アイコン

体調や目的に合わせてレシピが選べるように、アイコンをつけました。「今日は何を作ろうかな」と思ったときの選ぶ目安のひとつとして、参考にしてみてください。

スタミナ —— スタミナをつけたいときにおすすめの栄養満点レシピ

リカバリー —— ちょっと調子が落ちているなと感じたときの体調リカバリーに

ダイエット —— ダイエットしたいときにおすすめの低カロリーレシピ

美肌 —— 肌荒れなどが気になるときにとりたいメニュー

インデックス

使っている2つの素材がすぐわかるように、ページの端に素材名のインデックスつき。

ポイント

簡単においしく仕上げるポイントを説明しています。

アレンジ

ソースのアレンジなど、より幅広く楽しめるアレンジのコツを説明。

コメント

栄養についての簡単なアドバイスをまとめました。

この本の決まりごと

計量　大さじ1＝15mℓ、小さじ1＝5mℓ、1カップ＝200mℓ、塩ひとつまみ＝指3本でつまんだ量（約1g）です。

材料　とくに記載がない場合、野菜の種やへた、皮などは処理を済ませたものとします。

電子レンジ　電子レンジは600Wのものを使用しています。500Wの場合は加熱時間を1.2倍、700Wの場合は0.9倍にするなど、調整してください。

フライパン　とくに記載がない場合、ふたは蒸気穴があいているものを使用しています。

調味料

・**塩**　「天然塩」と「食塩」では小さじ1の塩分が少し異なります（食塩小さじ1＝6g）。この本では食塩に合わせた分量にしており、天然塩を使う場合は、味をみながら少し量を増やしてください。

・**料理酒**　すべて塩分を含むものを使用しています。塩分の入っていない酒を使う場合は味をみながら塩を足してください。

・**だし**　昆布とかつおの合わせだしを使用。塩分不使用のだしパックを使用しても。

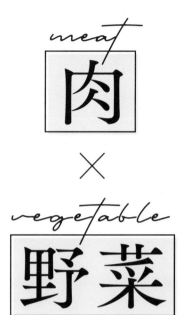

meat

肉

×

vegetable

野菜

の

おかず

肉1種×野菜1種の料理は、わが家でもいちばん
登場率が高い組み合わせです。定番肉のほか、骨
つき肉やラムなどで作ることも多いのですが、肉
から出る脂やうまみが野菜にしみるので、野菜が
とてもおいしく食べられるのがうれしい。組み合
わせる野菜は、1種類を使いきってから次の野菜
を使いきって…という、使いきりローテーション
がおすすめです。1か月でいろいろな種類の野菜
がとれて使い残しもないので経済的ですよ。

黒こしょうを
たっぷり効かせて

手羽元と玉ねぎの ビネガー煮込み

たっぷりってこれくらいかな？　と思う 3 倍の黒こしょうが正解。
鶏肉をほぐし、味がしみた玉ねぎといっしょに食べるのが大好き！

| 材料 (2人分) |

鶏手羽元 ———————— 4〜6 本
● 下味
| 塩 ———————— ひとつまみ
玉ねぎ ———————— 1 個
● 煮汁
| 酢・料理酒 ———————— 各 1/2 カップ
| しょうゆ ———————— 大さじ 5
| 砂糖 ———————— 大さじ 3
| おろしにんにく ———————— 1 片分
| おろししょうが ———————— 1 かけ分（15g）
| 粗びき黒こしょう ———————— たっぷり
| ローリエ ———————— 1〜2 枚
オリーブ油 ———————— 小さじ 1

| 作り方 |

1 ＞ 手羽元は下味の塩をすり込む。玉ねぎは根元をつけたまま、4 等分のくし形に切る。

2 ＞ 深めのフライパンにオリーブ油を中火で熱し、1 を入れて全体に焼き色がつくまで焼く。

3 ＞ 煮汁の材料を加え、沸騰したらふたをして弱めの中火にし、途中で上下を返して煮汁を回しかけて 15 分煮る。

(**Point!**)

途中で煮汁を回しかけることで、味が肉
の中まで早くしみ込みます。

鶏肉とパプリカの
くたくた

塩味をしっかり効かせたパプリカはソース代わり。
バゲットにつけて食べるのがおすすめです。

| 材料(2人分) |

鶏もも肉	1枚（250g）
● 下味	
｜ 塩	ひとつまみ
オレンジパプリカ	1個
にんにくのせん切り	1片分
塩	小さじ 1/2
白ワイン	1/4 カップ
オリーブ油	大さじ 1/2

| 作り方 |

1 ＞ 鶏肉は下味の塩をすり込む。パプリカは縦半分に切ってから横半分に切り、細切りにする。

2 ＞ フライパンにオリーブ油を中火で熱し、パプリカとにんにくを入れて塩をふり、炒める。パプリカがしんなりしたら端に寄せ、鶏肉を皮目から入れて焼く。

3 ＞ パプリカは焦げないように炒め続け、鶏肉に焼き色がついたら返し、白ワインを注いでふたをする。弱めの中火で15分蒸し焼きにし、ふたを取って汁けがあれば、軽く煮つめる。

Point!

細切りにしたパプリカは焦げつきに注意。
水分が少ないようなら、箸でときどき混
ぜて焦がさないように火を通します。

じっくり炒めた
パプリカが驚くほど甘い

11

甘酒、キムチ、みその
トリプル発酵パワーを
いただきます

鶏肉と大根の
甘酒キムチみそ煮

甘酒のふくよかなコクと自然なとろみで、煮込み時間12分でもしっかり味がからみます。
味わい深く、ご飯がすすむメニュー！

| 材料 (2人分) |

鶏もも肉	1枚（250g）
片栗粉	小さじ2
大根	1/4本
白菜キムチ	100g
● 煮汁	
麹甘酒	1カップ
おろしにんにく	1片分
みそ	小さじ2
細ねぎの小口切り	適量
米油	小さじ1

| 作り方 |

1 > 鶏肉は大きめのひと口大に切り、片栗粉をまぶす。大根は1.5cm厚さの半月切りにする。

2 > 深めのフライパンに米油を中火で熱し、1を入れる。鶏肉の色が変わり、大根が透き通ってきたらキムチ、煮汁の材料を加え、ふたをして12分煮る。

3 > 器に盛り、細ねぎをふる。

Point!

大根は透き通るくらいまでしっかり炒めると、10分ちょっとの煮込み時間でもやわらかに。

おしゃれなデリ風のひと皿。
おもてなしにも

14

鶏ももとオクラの フリカッセ カレー風味

オクラのとろみで小麦粉いらず。塩を効かせると鶏から出るうまみだけで味が決まり、
カレー粉の隠し味が食欲をそそります。

| 材料(2人分) |

鶏もも肉 ——————— 1枚（250g）
● 下味
| 塩 ——————— 小さじ 1/3
オクラ ——————— 8本
● 煮汁
| 白ワイン ——————— 1/4 カップ
| 塩 ——————— ひとつまみ
生クリーム ——————— 1/2 カップ
カレー粉 ——————— 小さじ 1/2
オリーブ油 ——————— 小さじ 1

| 作り方 |

1 > 鶏肉は6等分に切り、下味の塩をすり込む。オクラはへたの先端を切り落とし、がくを1周むく。

2 > フライパンにオリーブ油を中火で熱し、鶏肉を皮目から入れて両面を焼く。焼き色がついたらフライパンの余分な油を拭き、オクラ、煮汁の材料を加え、ふたをして中火で4分蒸し煮にする。

3 > ふたを取って生クリーム、カレー粉を加え、弱めの中火で4分煮る。味をみて塩（分量外）でととのえる。

Point!

カレー粉の風味が加わるので、生クリームを使っても意外と重くないのです。

鶏肉とキャベツの梅スープ煮

キャベツの上でゆっくり蒸すから鶏むね肉もしっとり、くたくたのキャベツとも相性抜群！
濃い味好きはぜひ、マヨソースも楽しんで。

材料（2人分）

鶏むね肉	1枚（250g）
●下味	
塩	小さじ 1/4
オリーブ油	大さじ1
キャベツ	
	小 1/2 個（400〜500g）
梅干し（塩分濃度10％）	大1個
●煮汁	
水	3カップ
塩	小さじ 1/2
塩・粗びき黒こしょう	各適量

作り方

1 > 鶏肉は皮を除き、両面に下味の塩をすり込み、オリーブ油をなじませる。キャベツはざく切りにする。

2 > フライパンにキャベツ、梅干し（軽くほぐして種ごと）、煮汁の材料を入れて火にかけ、沸騰したらふたをし、弱めの中火で15分蒸し煮にする。

3 > ふたを取って梅干しをほぐしながら全体を混ぜ、鶏肉をのせる。再びふたをして、弱火でさらに15分蒸し煮にする（肉が厚い場合は蒸し時間を適宜増やす）。

4 > キャベツとスープを器に盛り、薄く切り分けた鶏肉をのせて塩、粗びき黒こしょうをふる。好みでオリーブ油を回しかける。

(Point!)

はみ出すほどのキャベツは、蒸すとかさが減ってたくさん食べられます。

Arrange

マヨソースで味変もおすすめ！

マヨネーズ大さじ1、オリーブ油小さじ1、レモン汁小さじ 1/2、おろしにんにく小さじ 1/4 を混ぜてかける。

香りのいいオリーブ油を
仕上げにひとふり

梅とバターの風味で
奥深い味わいに

鶏むね肉と長いもの梅バターソテー

梅の酸味とバターのコクが相性抜群。片栗粉で鶏むね肉もふっくら。

| 材料(2人分) |

鶏むね肉（皮なし）—————— 1枚（250g）
● 下味
　塩 ————————————— 小さじ 1/4
　片栗粉 ———————————— 小さじ 2
長いも ————————————— 100g
バター ————————————— 15g
白ワイン ———————————— 大さじ 2
梅干し（塩分濃度10%）—— 2個
しょうゆ・みりん ————— 各小さじ 1/2
塩 —————————————————— 少々

| 作り方 |

1 〉 鶏肉は厚みを半分にし、両面に下味の塩を半量ずつふってすり込み、片栗粉をまぶす。

2 〉 長いもは1.5cmの輪切りにする（太いものは半月切りにする）。

3 〉 フライパンにバターを溶かし、**1**、**2**を中火で焼く。肉の両面に焼き色がついたら白ワインと梅干し（皮を破って種ごと）を加え、ふたをして弱火で5分蒸し焼きにする。しょうゆ、みりん、塩を加え、梅干しをつぶしてなじませながら軽く煮つめる。

スタミナ　ダイエット 〉鶏肉のイミダペプチドと梅干しのクエン酸で疲労回復に◎。

刻んだナッツが香ばしい

ゆで鶏の ナッツソースがけ

あっさりゆで鶏に食べごたえ満点の中華風ソースをかけるだけ。とても簡単！

| 材料（2人分） |

鶏もも肉	1枚（250g）
長ねぎ	2本
ミックスナッツ	30g
● ソース	
にんにくの粗みじん切り	½片分
しょうゆ	大さじ2
ごま油	大さじ½
砂糖	小さじ2
塩・ラー油	各少々

| 作り方 |

1 ＞ 長ねぎは白い部分と青い部分を分け、白い部分とミックスナッツはそれぞれ粗みじん切りにしてソースの材料と合わせる。

2 ＞ 深めのフライパンに鶏肉、長ねぎの青い部分、かぶるくらいの水を入れて中火にかける。沸騰直前でふたをして、弱火で10分ゆでる。長ねぎを取り出し、鶏肉の汁けをきって食べやすく切る。器に盛り、**1**をかける。

美肌 ＞ 良質な脂質とビタミンEが豊富なナッツ。肌の老化を防いで代謝アップ。 **19**

にんにくとえびの
スパイシーな香りがふわり

20

ささみとブロッコリーの香味ラー油炒め

高たんぱくながっつり系でも、ささみを使うので意外と軽め。
うまみをすべて吸ったブロッコリーも絶品で、ビールにも合います。

材料（2人分）

鶏ささみ ———————— 3本
片栗粉 ———————— 小さじ2
ブロッコリー ———————— 1/2個
● 合わせ調味料
　にんにくのみじん切り —— 1片分
　素干しえび ———— 5g
　ラー油・ごま油 ———— 各小さじ1
料理酒 ———————— 1/4カップ
塩 ———————— ひとつまみ

作り方

1 ＞ ささみはそぎ切りにして、塩少々（分量外）をふって片栗粉を全体にまぶす。ブロッコリーは小房に分ける。

2 ＞ フライパンに合わせ調味料の材料を入れて弱火にかけ、じっくりと炒める。香りが出てきたらささみを加えて弱めの中火にし、肉の色が変わるまで焦げないように炒める。

3 ＞ ブロッコリーを加えて酒をふり、ふたをして2分蒸し焼きにする。塩を加えてざっと炒め、水分をとばす。味をみて塩（分量外）でととのえる。

 Point!

素干しえびは、弱火で香りが出るまでじっくり炒めるのがポイント。桜えびでもいいけれど、安いあみえびがおすすめ。うまみが多くてコスパバツグンです。ぜひお店で探してみて。

ナンプラーとレモンの味つけでアジアン風

手羽中と豆もやしのレモン炒め

包丁いらずの時短レシピ。手羽中をしっかり焼くとうまみアップ！

材料（2人分）

鶏手羽中 ——————— 8本（200g）
●下味
　塩 ————————— 小さじ 1/4
　片栗粉 ——————— 小さじ2
小粒豆もやし ——————— 1袋
●合わせ調味料
　料理酒 ——————— 大さじ2
　ナンプラー・みりん・レモン汁
　　————————— 各小さじ2
　おろしにんにく ———— 1片分
　塩 ————————— ひとつまみ
細ねぎ・粗びき黒こしょう — 各適量
ごま油 ——————————— 小さじ1

作り方

1 〉 手羽中は下味の塩をすり込み、片栗粉をまぶす。細ねぎは小口切りにする。

2 〉 フライパンにごま油を中火で熱し、手羽中を並べてあまり動かさずに炒める。肉の色が変わったら豆もやしを入れ、合わせ調味料の材料を加えてふたをし、強火で1分30秒蒸し焼きにする。

3 〉 ふたを取って強火で炒め合わせ、汁けをとばす。味をみて塩（分量外）でととのえる。器に盛り、細ねぎ、粗びき黒こしょうをふる。

スタミナ 〉豆もやしのアスパラギン酸とレモンのクエン酸で疲労回復にも◎。

カマンベールチーズで
濃厚な味わいに

アスパラと鶏肉の
カマンベール炒め

調味料も少ないのに手抜き感なし！　粒マスタードで味変するとさらにおいしい。

| 材料(2人分) |

鶏もも肉 ———————— 1枚（250g）
● 下味
| 塩 ———————————— 小さじ 1/4
グリーンアスパラガス ——— 5本
白ワイン ————————— 大さじ 1
塩 —————————————— ひとつまみ
カマンベールチーズ ——— 1/2 個（50g）
粒マスタード ——————— 適量
オリーブ油 ———————— 小さじ 1

| 作り方 |

1 > 鶏肉はひと口大に切り、下味の塩をふる。アスパラガスは根元を少し落とし、根元から 1/3 までの皮をむいて斜め薄切りにする。

2 > フライパンにオリーブ油を中火で熱し、鶏肉を炒める。焼き色がついたら白ワインを加え、ふたをして中火で 3 分蒸し焼きにする。

3 > ふたを取ってアスパラガス、塩を加えて炒め合わせる。カマンベールチーズをちぎって加え、全体をざっと混ぜる。器に盛り、粒マスタードを添える。

美肌 ＞ カマンベールに豊富なビタミンB₂は、肌の新陳代謝を助けて皮脂のバランスを整えます。 **23**

スペアリブとごぼうの
ジンジャースープ煮

地味に見えて、力強く深い味わい。体の内側からポカポカと温まり、冷え予防にもおすすめ。
余ったスープに中華麺を入れてもおいしい！

┃ 材料 (2人分) ┃

豚スペアリブ	4本（300g）
●下味	
塩	小さじ1/3
砂糖	小さじ2/3
ごぼう	1本（150g）
●煮汁	
しょうがのせん切り	30g
水	2と1/2カップ
料理酒	1/2カップ
しょうゆ	大さじ1と1/2
オリーブ油	小さじ1

┃ 作り方 ┃

1 > スペアリブは下味の塩、砂糖をすり込む。ごぼうは太めのささがきにする。

2 > 鍋にオリーブ油を中火で熱し、スペアリブを焼く。両面にしっかりと焼き色がついたらごぼう、煮汁の材料を加え、沸騰したら火を弱め、ふたをして15分煮込む。

Point!

スペアリブはしっかり焼き色をつけて深い味わいを出すとおいしい。

しょうがたっぷり！
体が温まります

25

豚しゃぶの 和風トマトソース

定番の豚しゃぶはソースでひと工夫。トマトとみそのうまみにしょうがの清涼感が絶妙!
トマトソースは作りやすい量なので、余ったらそうめんなどにかけてもおいしい。

| 材料(2人分) |

豚ロースしゃぶしゃぶ用肉 —— 200g
トマト —————————— 大1個
● ソース
  みそ ———————————— 大さじ1
  おろししょうが ————— 1かけ分（15g）
  オリーブ油 ———————— 大さじ½
  砂糖 ———————————— 小さじ½
  塩 —————————————— ひとつまみ
青じそのせん切り ————— 適量

| 作り方 |

1 ＞ 鍋に湯を沸かして酒適量（分量外）を加え、豚肉を1枚ずつ入れて色が変わったら水けをきって器に盛る。

2 ＞ トマトはすりおろし、ソースの材料とよく混ぜ合わせる。味をみて塩（分量外）でととのえ、**1**にかけて青じそをのせる。

Point!

トマトはすりおろして細胞をこわし、油を合わせるとリコピンの吸収率もアップ!

トマトはすりおろして
ソース仕立てに

だしの香りが効いた
やさしい味わい

はちみつだしの
彩り酢豚

あっさり上品な酢豚は、毎日食べたくなる味で色合いもお気に入り。
だしのうまみとはちみつのコクが効いた甘酢で、胃にもやさしい！

材料（2人分）

豚ロースとんかつ用肉	2枚（200g）
●下味	
塩	ひとつまみ
片栗粉	大さじ2
赤パプリカ	1個
●合わせ調味料	
だし汁	³/₄ カップ
酢	大さじ2
薄口しょうゆ・はちみつ	各大さじ1
塩	小さじ¹/₄
片栗粉（倍量の水で溶く）	大さじ1
サラダ油	適量

作り方

1 ＞ 豚肉は2cm角に切り、下味の塩をふって片栗粉をまぶす。パプリカは乱切りにする。

2 ＞ フライパンにサラダ油小さじ1を熱し、パプリカを強火でさっと炒めて器に盛る。同じフライパンにサラダ油大さじ3程度を足し、豚肉を中火で揚げ焼きにする。全体がこんがりしたら、油をきって器に盛り、パプリカとさっと混ぜる。

3 ＞ 小鍋に合わせ調味料の材料を入れて中火にかけ、煮立ったら火を止める。水溶き片栗粉を加えて再び中火にかけ、混ぜながら軽く煮つめて **2** にかける。

Point!

豚肉は片栗粉をまんべんなくまぶし、少ない油でさっと揚げ焼きにするだけでOK。パプリカは肉厚なので、シンプルでも満足感が出ます。

スタミナ リカバリー ＞ パプリカはビタミンCがたっぷり。酢のクエン酸で疲労回復＆食欲増進！ **29**

豚肉とにんじんの
白ワイン蒸し

にんじんは大きめの1本を皮ごと使い、薄く切るのがコツ。
粒マスタードとローリエが香り高く、シンプルでもぜいたく感が。

| 材料（2人分）|

豚ロースとんかつ用肉	2枚（200g）
●下味	
塩	小さじ1/2
砂糖	小さじ1
にんじん	1本
●煮汁	
水	1/2カップ
白ワイン	1/4カップ
粒マスタード	大さじ1/2
バター	10g
ローリエ	1枚

| 作り方 |

1 ＞ 豚肉は両面に下味の材料をしっかりすり込む。にんじんは皮ごと2〜3mm厚さの輪切りにする。

2 ＞ フライパンににんじんを入れて広げ、豚肉を重ねる。煮汁の材料を加えて中火にかけ、沸騰したらふたをし、火を弱める。途中、煮汁をまわしかけながら15分蒸し煮にする。好みで食べるときに塩をふる。

にんじんを敷いてから肉をのせると、肉のうまみがにんじんにしみ込みます。残った蒸し汁も絶品！

＞ にんじんの抗酸化成分のβ-カロテンは皮の近くにもあり、むかずに食べると◎。

バターの風味が
食欲をそそります

豚バラと塩もみ白菜の
すっぱうま煮

塩もみしてから煮込んだ白菜は、やわらかでとろけるおいしさ。
具材を細かく切っているので、レンゲを使うと食べやすいです。

材料 (2人分)

豚バラしゃぶしゃぶ用肉	160g
白菜	約 1/8 株 (400g)
塩	小さじ 1/2
料理酒	1/4 カップ
● 合わせ調味料	
しょうゆ・酢	各小さじ 2
みりん	小さじ 1
おろしにんにく	小さじ 1/2
塩	ひとつまみ
白いりごま	適量
ごま油	小さじ 1

作り方

1 ＞ 豚肉は粗く刻む。白菜はざく切りにして塩をふり、10分おく。よくもんでしっかり水けを絞り、さらに粗く刻んでぎゅっと絞る。

2 ＞ フライパンにごま油を中火で熱し、豚肉を軽く炒める。肉の色が変わったら白菜をざっと炒め合わせ、酒を加えてふたをし、弱めの中火で10分蒸し煮にする。

3 ＞ 合わせ調味料の材料を加えて混ぜ、ひと煮立ちさせる。味をみて塩 (分量外) でととのえる。

Point!

白菜を細かく刻むと味がよくなじみ、食べやすい。ご飯にのせても！

塩もみするから
白菜がたっぷり食べられます

33

とろとろのかぼちゃを
肉にのせながらどうぞ

スペアリブとかぼちゃの やわらか煮

蒸し汁にかぼちゃを溶かし、ペースト風にして肉にのせると絶品！

| 材料 (2人分) |

豚スペアリブ ———————— 4本（300g）
● 下味
| 塩 ————————————— 小さじ 1/3
| 砂糖 ——————————— 小さじ 2/3
かぼちゃ ————————— 1/8 個（200g）
にんにく（つぶす）———— 1片分
料理酒・水 ——————— 各 1/2 カップ

| 作り方 |

1 > 豚肉は下味の材料をしっかりもみ込む。かぼちゃは大きめの4等分に切り、皮をところどころむく。

2 > フライパンにすべての材料を入れ、中火にかける。沸騰したらふたをし、弱火で20分蒸し煮にする（途中煮汁が足りなくなったら、水を大さじ1ずつ足す）。好みで食べるときに塩をふる。

ほんのり和風。
ご飯にも合います

豚肉とかぶの
ゆかりクリーム煮

ゆっくり蒸すと甘くてジューシー。さわやかで濃厚なクセになる味。

| 材料 (2人分) |

豚こま切れ肉 ——————— 200g
かぶ ——————————————— 2個
●煮汁
｜白ワイン ——————— ¼ カップ
｜塩 ——————————————— ひとつまみ
生クリーム ——————— ½ カップ
赤しそふりかけ ——————— 小さじ1と ½
オリーブ油 ——————— 小さじ1

| 作り方 |

1 ＞ かぶは厚めに皮をむき、4〜6等分に切る。

2 ＞ フライパンにオリーブ油を中火で熱し、豚肉を炒める。肉の色が変わったら**1**、煮汁の材料を加えてふたをし、弱めの中火で10分蒸し煮にする。

3 ＞ 生クリーム、赤しそふりかけを加えて1〜2分煮る。味をみて、塩（分量外）でととのえる。

時間がないときにも
さっと作れて重宝します

豚肉と水菜の
からしあえ

具材をゆでたら、水けをよくきって。辛子じょうゆがからんで絶品！

材料（2人分）

豚ロースしゃぶしゃぶ用肉 —— 160g
水菜 ————————— ½束（100g）
● 合わせ調味料
薄口しょうゆ ————— 大さじ1
練り辛子・砂糖 ————— 各小さじ1と½

作り方

1 ＞ 大きめのフライパンに湯を沸かし、水菜をさっとくぐらせる。ざるにとってさまし、水けを絞る。続けて、沸騰した湯に酒適量（分量外）を加え、豚肉を1枚ずつ入れ、色が変わったら水けをきる。水菜と肉は食べやすい長さに切る。

2 ＞ ボウルに**1**、合わせ調味料の材料を入れてあえる。味をみて、塩（分量外）でととのえる。

とんかつ用の肉で
ボリュームアップ

豚肉とにらの
黒酢あえ

さっぱり＆がっつり！　食欲はなくてもスタミナをつけたいときに。

| 材料(2人分) |

豚ロースとんかつ用肉	2枚（200g）
片栗粉	小さじ2
にら	1束
●合わせ調味料	
黒酢・しょうゆ	各大さじ2
砂糖	小さじ1
白いりごま	小さじ2
塩	小さじ¼

| 作り方 |

1 ＞ 豚肉は1.5cm幅に切り、片栗粉をまぶす。フライパンに湯を沸かして酒適量（分量外）を加え、豚肉を弱めの中火で4分ゆで、水けをきる。

2 ＞ にらは1cm幅に刻み、合わせ調味料と混ぜ合わせる。**1**を熱いうちに加えてあえ、10分ほどおいてなじませる。

具材を炒めないので簡単に作れる！

豚バラとピーマンの シンプル春巻き

ちょっと感動もののピーマンを味わう春巻き。気楽に揚げて食卓へ。

材料（5本分）

豚バラ薄切り肉	50g
ピーマン	3個
焼きのり	全型 1/2 枚
しょうがの細切り	20g
塩	小さじ 1/4
春巻きの皮	5枚
小麦粉（同量の水で溶く）	大さじ 1/2
揚げ油	適量

作り方

1 ＞ 豚肉は 7〜8 cm幅に切る。のりは 5 等分に切る。

2 ＞ ピーマン、しょうがは細切りにしてボウルに入れ、塩を加えてさっとあえる。

3 ＞ 春巻きの皮は角を手前に置き、のり、豚肉の 1/5 量を置く。その上に 2 を 1/5 量のせて手前からひと巻きし、両端を折り込みながら空気を抜くようにしてしっかり巻く。水溶き小麦粉で巻き終わりを留め、残りも同様に巻く。

4 ＞ フライパンに高さ 1 cmほど揚げ油を注ぎ、中温に熱して 3 をきつね色に揚げる。味をみて塩（分量外）をふり、好みで練り辛子を添える。

＞ ピーマンは少し生っぽくても OK。ビタミンCの損失も減らせます。

お酢を入れると味が引き締まります

豚バラと小松菜の
ビネガーオイル蒸し

疲れたときにうれしい酸っぱめの味。ご飯にもパンにも合います。

材料（2人分）

豚バラ薄切り肉 ——————— 160g
小松菜 ——————————— 1袋
にんにく（つぶす）——————— 1片分
赤唐辛子（種を除く）————— 1本
小麦粉 ———————————— 小さじ2
●煮汁
　水 ————————————— ½カップ
　料理酒 ——————————— ¼カップ
　酢 ————————————— 大さじ1
　塩 ————————————— 小さじ⅓
オリーブ油 ————————— 小さじ2

作り方

1 ＞ 豚肉、小松菜はそれぞれ1.5cm長さに切る。

2 ＞ フライパンにオリーブ油、にんにく、赤唐辛子を入れて弱火にかけ、香りが出たら豚肉を加えて炒める。肉の色が変わったら小麦粉をふり入れ、粉っぽさがなくなるまで炒める。

3 ＞ 小松菜、煮汁の材料を加えてふたをし、中火で5分蒸し煮にする。味をみて、塩（分量外）でととのえる。

スタミナ ＞ 小松菜はカルシウム豊富。酢といっしょにとると吸収率がアップ。 **39**

牛肉とひらひら大根の
しょうが蒸し

牛肉のシンプルレシピ。昆布のうまみ、しょうがの風味、
オリーブ油のコクと香りが立ち、ひらひらにした大根にも味がよくなじみます。

| 材料(2人分) |

牛こま切れ肉	160g
大根	200g
しょうがのせん切り	30g
昆布	3×10㎝（3g）
塩	小さじ 2/3
七味唐辛子・オリーブ油	各適量

| 作り方 |

1 ＞ 大根はピーラーで薄く切る。昆布はキッチンばさみで小さく切る。

2 ＞ フライパンにオリーブ油小さじ1、しょうがを入れ、弱火でじっくりと炒める。香りが出たら牛肉を1枚ずつ加え、色が変わるまで炒める。**1**を加えてふたをし、弱めの中火で5分蒸し焼きにする。

3 ＞ 塩を加えて全体を混ぜ、味をみて塩（分量外）でととのえる。器に盛り、好みで七味唐辛子をふり、オリーブ油を回しかける。

Point!

七味唐辛子やオリーブ油をかけると、
味に深みが増します。

スタミナ ＞ 牛肉のカルニチンは脂肪酸燃焼に不可欠。しょうがで血行も促進。

シャキシャキ大根の
歯ざわりがクセになります

白みそのまろやかな風味で仕立てます

牛肉とごぼうの白みそ煮

ごぼうによく味がしみ、牛肉はやわらか。辛子でひと味変わります。

| 材料 (2人分) |

牛肩ロース薄切り肉	160g
片栗粉	小さじ2
ごぼう	1本（150g）
●煮汁	
水	1と½カップ
白みそ	大さじ2
砂糖	大さじ1と½
料理酒	大さじ1
薄口しょうゆ	大さじ½
細ねぎの小口切り・練り辛子	各適量
ごま油	小さじ1

| 作り方 |

1 ＞ 牛肉は広げて片栗粉をまぶす。ごぼうは5〜6cm長さに切り、太い部分は縦半分に切る。

2 ＞ フライパンにごま油を中火で熱し、ごぼうをあまり触らずに炒める。こんがりと焼けたら煮汁の材料を加え、沸騰したらふたをし、弱火で25分煮る。

3 ＞ 牛肉を1枚ずつ加え、弱めの中火で1〜2分煮る。とろみがついたら、味をみて塩（分量外）でととのえる。器に盛り、細ねぎを散らして練り辛子を添える。

ワインやビールのおつまみにも

牛肉とじゃがいもの
ガレット風

ワンパンでごちそう！　じゃがいもはでんぷん質の多い男爵で作ってみて。

材料（2人分）

牛切り落とし肉	140g
生ハム	20g
じゃがいも（男爵）	小2個
バター	10g
塩	ひとつまみ
白ワイン	大さじ1

作り方

1 ＞ じゃがいもはスライサー（または包丁）で細切りにする。

2 ＞ 直径20㎝のフライパンにバターを溶かし、火を止めて **1** を敷き詰める。ちぎった生ハムを重ならないようにのせ、さらに牛肉を広げて全体に塩をふる。

3 ＞ **2** を中火にかけ、フライ返しで押さえて焼き色がついたら、皿をフライパンにかぶせて取り出す。上下を返してフライパンに戻し入れる。白ワインをふってふたをし、3分蒸し焼きにする。ふたを取って汁けをとばす。切り分けて器に盛り、好みで塩をふる。

美肌 ＞ コラーゲンの生成を助ける鉄分とビタミンCがとれ、美肌に効果的。　**43**

ラム肉といんげんの
トマト煮

食べると元気が出る、ごちそうラム肉料理。最後に加える
マヨネーズが臭み消しとほどよいコク出しになります。

材料（2人分）

ラムカレー用肉	200g
● 下味	
塩	小さじ 1/3
砂糖	小さじ 2/3
小麦粉	小さじ 2
さやいんげん	100g
クミンシード	小さじ 2
ホールトマト缶	1 缶（約400g）
おろしにんにく	1 片分
マヨネーズ	大さじ 1
塩	ひとつまみ
ドライパセリ	適量
オリーブ油	小さじ 2

作り方

1 ＞ ラム肉は下味の塩、砂糖をすり込み、小麦粉をまぶす。さやいんげんは斜め半分に切る。

2 ＞ 鍋にオリーブ油を中火で熱し、クミンシードを炒めて香りが出たら、**1**を加えて肉の両面に焼き色をつける。トマト缶、水 1/2 カップ、にんにくを加えてひと煮立ちしたらふたをし、弱めの中火で15分煮る。

3 ＞ ふたを取り、トマトをつぶしながら 1〜2 分煮たら火を止め、マヨネーズ、塩を加える。全体を混ぜ、味をみて塩（分量外）でととのえる。器に盛り、パセリを散らす。

Point!

下味つけはしっかりと。塩と砂糖のざらっと
した感じがなくなるまでもみ込んで。

コクのあるラム肉と
トマトの相性がバツグン

鶏ひき肉と
なすの
ハーブ煮込み

汁けを吸ったなすがたまらない！
ローズマリーのさわやかな香りがひき肉料理を引き立て、
仕上げにかける粉チーズで味が決まります。

やさしくとろっと
とろける味わい

| 材料（2人分） |

鶏ひき肉	150g
なす	中3本
にんにく（つぶす）	1片分
塩	小さじ¼
●煮汁	
水	1カップ
白ワイン	¼カップ
ローズマリー	2枝
塩	小さじ¼
粉チーズ・レモンのくし形切り	各適量
オリーブ油	小さじ1

| 作り方 |

1 ＞ なすは皮をむき、1.5cm厚さの半月切りにする。

2 ＞ フライパンにオリーブ油、にんにくを入れて弱火にかけ、香りが出たらひき肉を加えて塩をふり、あまり触らずに炒める。肉の色が変わったら1、煮汁の材料を加え、沸騰したらふたをして火を弱め、15分煮る。

3 ＞ ふたを取ってローズマリーを取り出す。混ぜながら軽く煮つめ、味をみて塩（分量外）でととのえる。器に盛って粉チーズをふり、レモン、取り出したローズマリーを添える。

白ワインと水、塩でシンプルに煮込むだけ。

Point!

ひき肉はポロポロにほぐさず、かたまり感を残すように焼くと、ボリューム感が出て食べやすくなります。

バターの香りがふわり

鶏ひき肉と里いもの
蒸し煮

里いものぬめりを生かしたやさしい口あたり。塩とバターでシンプルに！

| 材料 (2人分) |

鶏ももひき肉 ──────── 150g
里いも ──────────── 4個
長ねぎの青い部分 ──────── 1本分
バター ──────────── 5g
● 煮汁
水 ──────────── 1/2 カップ
料理酒 ──────────── 1/4 カップ
塩・粗びき黒こしょう ─────── 各適量

| 作り方 |

1 〉 里いもは1cm幅の輪切りにする。長ねぎは粗みじん切りにする。

2 〉 フライパンにバターを入れて中火で熱し、ひき肉、塩ひとつまみを加えてあまり触らずに炒める。肉から脂が出たら長ねぎを加え、しんなりするまで炒める。

3 〉 里いも、煮汁の材料を加えて沸騰したらふたをし、8分蒸し煮にする（途中で煮汁がなくなったら水大さじ1ずつ足す）。汁けがなくなったらふたを取り、塩ひとつまみを加えて混ぜ合わせる。火を止め、味をみて塩でととのえる。器に盛り、粗びき黒こしょうをふる。

おつまみにもおすすめの一品です

豚ひき肉とズッキーニの
梅クミン蒸し

梅とクミンの香りで食欲増進。薄切りズッキーニの甘みもおいしい。

材料(2人分)

豚ひき肉	150g
ズッキーニ	大1本
クミンシード	小さじ1/2
塩	小さじ1/4
梅干し（塩分濃度10％）	大2個
料理酒	1/4カップ
オリーブ油	小さじ1

作り方

1 ＞ ズッキーニは1〜2mm厚さの輪切りにする。

2 ＞ フライパンにオリーブ油、クミンシードを入れ、弱火でじっくり炒める。香りが出てきたらひき肉を加えて中火にし、塩をふってあまり触らずに炒める。

3 ＞ 1、梅干し（皮を破って種ごと）、酒を加えてふたをし、弱めの中火で5分蒸し焼きにする。梅干しをほぐしながら全体を混ぜ、再びふたをして2分蒸し焼きにする。味をみて、塩（分量外）でととのえる。

リカバリー ＞ ズッキーニはカリウム、妊娠中はとくに必要な葉酸が豊富。 **49**

味つけは
いたってシンプル。
その代わり、
風味づけで
変化を楽しみます

材料の下ごしらえをラクしたくて作りはじめた2素材レシピですが、結果、調味料もとことんシンプルでいいと思うようになりました。下味は基本調味料でしっかりつけ、そこに、ハーブなど香りのアクセントを加えるのが私流。調味料がシンプルだと失敗が少なく、薄いかなと思ったときは味を足してリカバリーできるのも料理初心者には安心です。

── ちょっとした工夫で味のバリエーションを広げて ──

Salt

基本は（塩）

下味はしっかりつけます

おいしく味つけするために欠かせないのが塩。どんな料理も「最後は塩で何とかする」というくらい、味を決める大切な調味料です。肉や魚も調理前に塩で下味をつけると、少ない調味料でも味がぼやけずしっかりとした料理になります。

（ハーブ）

肉や魚の臭みとりや風味を出したいときは香味野菜の出番。万能に使えるにんにくやしょうがをはじめ、肉や魚のソテーにはフレッシュなローズマリー、煮込み料理にはローリエを活用。

Butter

（スパイス）

ひとふりで味が一変する魔法の粉。カレー粉は少し入れると中華っぽい味に。気分を変えたいときはクミン、さわやかさが欲しいときは粉山椒を。粗びき黒こしょうはあらゆる料理の引き締め役に。

Herb

（バター）

入れるだけで豊かなコクと香りが加わり、おしゃれな味に！　じつは素材や味つけを選ばず、洋風に限らず和風にも合わせやすいんです。バターを使うとおいしく作れるので、料理に自信が持てます。

Spice

Fish

魚介

×

vegetable

野菜

の
おかず

健康のために、週に2回は魚介のおかずを食べる
ようにしています。マンネリ防止は、野菜の種類
を変えること。シャキッとした生の水菜やキャベ
ツを合わせたり、ブロッコリーやさつまいも、た
けのこなどのごろごろ野菜と合わせたり。組み合
わせや切り方で食感や印象の違いを楽しめるのも、
2素材ならでは。野菜を加えることでボリューム
不足もカバーできるので、肉に偏りがちな人はぜ
ひ2素材の魚おかずも試してみてください。

たらとほうれん草の
オイル蒸し

塩を効かせると、淡泊なたらとほうれん草の
強い風味がお互いを引き立てます。

材料 (2人分)

真だら	2切れ
塩	適量
ほうれん草	1束
にんにくのみじん切り	1片分
料理酒・オリーブ油	各大さじ2
かつお節	適量

作り方

1 たらは塩少々をふって5〜10分おき、ペーパータオルで水けを拭き取る。ほうれん草は食べやすい長さに切り、水を張ったボウルに5分ほどつけて水けをきる。

2 深めのフライパンにほうれん草、にんにく、塩小さじ1/3、酒、オリーブ油を入れてふたをし、中火で3分蒸す。いったん火からおろして全体をざっと混ぜてたらをのせる。ふたをして弱火で7分蒸し煮にする。味をみて塩でととのえる。

3 器に盛り、かつお節をのせる。

かつお節の香りがふわり。
やさしい味がしみます

仕上げにかつお節をトッピング。味わいに奥行きをプラスします。

リカバリー 白身魚は蒸すと消化吸収がよくなります。ほうれん草で鉄分も補給。

にんにくの風味、バターのコクでご飯がすすむ！

鯛とたけのこの ナンプラーバター炒め

淡泊な2素材は、うまみ濃厚なナンプラー×バターと相性抜群！

| 材料(2人分) |

鯛	2切れ
塩	少々
水煮たけのこ	150g
にんにく（薄切り）	1片分
バター	10g
料理酒	大さじ1
ナンプラー	大さじ1/2

| 作り方 |

1 ＞ 鯛は塩をふって5〜10分おき、ペーパータオルで水けを拭き取る。たけのこは食べやすい大きさに切る。

2 ＞ フライパンにバターを溶かし、弱火でにんにくを炒める。香りが出てきたら鯛を皮目から入れ、中火で焼く。焼き色がついたら上下を返し、たけのこ、酒を加え、ふたをして弱火で5分蒸す。ナンプラーを回しかけ、軽く煮つめる。

ホッと落ち着く
和風のおかず

さわらと菜の花の
治部煮

気楽に作れるのに料理上手の雰囲気が出ます。菜の花以外の青菜に替えても。

| 材料 (2人分) |

さわら	2切れ
塩	少々
片栗粉	小さじ2
菜の花	1束（100g）
● 煮汁	
水	1カップ
ポン酢しょうゆ	¼カップ
みりん	大さじ1と½
塩	小さじ¼
おろししょうが	適量

| 作り方 |

1 > さわらは1切れを3等分して塩をふり、10分おく。ペーパータオルで水けを拭き取り、片栗粉をふる。菜の花は根元のかたい部分を切り落として長さを半分に切る。

2 > 鍋に煮汁の材料を入れて中火にかけ、沸騰したらさわらを加える。ふたをして弱めの中火で3分煮る。菜の花を加えてさっと煮たら火からおろす。

3 > 器に盛り、おろししょうがを添える。

さばとブロッコリーの
湯煮ヨーグルトソース

湯の中で静かに加熱するだけで、臭みもなく不思議なほどおいしい。
ゆでたブロッコリーと特製ヨーグルトソースで、華やかなひと皿に。

材料(2人分)

さば（半身）	1枚
塩	少々
ブロッコリー	1/2 個
● ソース	
水きりヨーグルト（またはギリシャヨーグルト）	80g
オリーブ油	大さじ 1/2
おろしにんにく	小さじ 1/2
塩	小さじ 1/3
粗びき黒こしょう	少々
オリーブ油	適量

作り方

1 ＞ さばは半分に切って塩をふり、5〜10分おいてペーパータオルで水けを拭き取る。ブロッコリーは小房に分ける。

2 ＞ フライパンに湯を沸かし、ブロッコリーをゆでて水けをきる。同じ湯に酒適量（分量外）、さばを入れ、弱めの中火で5〜6分ゆでて取り出す。ペーパータオルで水けを拭く。

3 ＞ 器に盛り、ソースの材料を混ぜ合わせてかける。粗びき黒こしょうをふり、オリーブ油をかける。

How to
水きりヨーグルトの作り方
ざるにペーパータオルを敷き、プレーンヨーグルト1カップを入れてひと晩おく。

Point!
湯の中でゆでるだけのシンプルな調理法。
臭み取りに酒少々を加えて。

体にいい青魚を
さっぱりいただくレシピ

たくあんがよいアクセントに！

しめさばと水菜の
サラダ

酸味とうまみが濃縮されたしめさば。食感のいい脇役で満足感を出して。

| 材料(2人分) |

しめさば ———————— 100g
水菜 ———————————— ½束
たくあん ——————————— 40g
● ドレッシング
　酢 ————————————— 大さじ2
　オリーブ油 —————————— 大さじ1
　しょうゆ・砂糖 —————— 各小さじ1
　白いりごま —————————— 小さじ1
　塩 ————————————— ひとつまみ

| 作り方 |

1 > しめさばは1cm幅に切る。水菜は食べやすい長さに切る。たくあんは細切りにする。

2 > ボウルに**1**を入れて混ぜ、混ぜ合わせたドレッシングの材料を加えてあえる。

> 高たんぱくなさばは筋肉の材料に。水菜とたくあんでかむ回数が増えるのも◎。

高菜の塩けを味つけに活用します

さばとしいたけの高菜炒め

うまみの強い2素材＋高菜で、少ない調味料でも複雑な味わいに。

| 材料(2人分) |

さば（半身・大きな骨は抜く）—— 1枚
塩 ————————————— 少々
片栗粉 ——————————— 小さじ2
しいたけ ——————————— 4個
高菜漬け ——————————— 80g
にんにく（つぶす）————— 1片分
● 合わせ調味料
　料理酒 —————————— 大さじ1
　みりん —————————— 小さじ2
　しょうゆ ————————— 小さじ 1/2
ごま油 ——————————— 小さじ2

| 作り方 |

1 さばは塩をふって5〜10分おき、ペーパータオルで水けを拭き取る。2cm幅のそぎ切りにして片栗粉をまぶす。しいたけは軸を取って3〜4等分のそぎ切りにする。高菜漬けは粗みじん切りにする。

2 フライパンにごま油、にんにくを弱火で熱し、香りが出てきたらさばを加えて中火にして焼く。

3 火が通ったらしいたけ、高菜漬けを加えて炒め合わせ、合わせ調味料の材料を加えて汁けがなくなるまで炒める。

美肌 さば、しいたけのビタミンB群がともに肌の新陳代謝に働きかけます。 **59**

鮭と
せん切りキャベツの
ゆずこしょう煮

だしスープを吸ったキャベツと鮭をいっしょに食べるとおいしい！
食べすぎ飲みすぎが続いたときのリセットメニューとしても◎。

材料（2人分）

鮭	2切れ
塩	少々
片栗粉	小さじ2
市販のせん切りキャベツ	150g

● 煮汁

だし汁	2カップ
塩	小さじ $^2/_3$
しょうゆ・みりん	各小さじ $^1/_2$
ゆずこしょう	小さじ $^1/_2$

作り方

1 ＞ 鮭は塩をふって5〜10分おき、ペーパータオルで水けを拭き取る。片栗粉をまんべんなくまぶす。

2 ＞ フライパンに煮汁の材料を入れて火にかけ、沸騰したら**1**を加える。煮汁を回しかけながら弱めの中火で5分煮る。キャベツを加えてスープをかけ、少ししんなりしたら火を止める。

3 ＞ 器に盛り、好みでごま油少々をたらす。

すぐ作れます

カットキャベツで簡単！

Arrange

ご飯にかけてもおいしい

残ったら、だし茶漬けのようにご飯にかけてもいけます。

さつまいもの
ほっこりした甘みがやさしい

鮭とさつまいもの わさびクリーム煮

鮭のうまみとさつまいもの甘みだけでおいしく。わさびが隠し味です。

材料(2人分)

鮭	2切れ
塩	適量
さつまいも	150g
バター	10g
小麦粉	大さじ1
牛乳	2カップ
わさび	小さじ1/2
細ねぎの小口切り	適量

作り方

1 ＞ 鮭は塩少々をふって5〜10分おき、ペーパータオルで水けを拭き取り、3〜4等分に切る。さつまいもは皮ごと2cm幅の半月切りにする。

2 ＞ フライパンにバターを溶かし、さつまいもを炒める。軽く焼き色がついたら小麦粉を加え、粉っぽさがなくなるまで炒める。よく混ぜながら牛乳を少しずつ注ぎ入れ、ひと煮立ちさせたら鮭を加える。ときどき混ぜながら弱めの中火で10分煮る。

3 ＞ わさび、塩小さじ1/3を加え、味をみて塩でととのえる。器に盛り、細ねぎをのせる。

ダイエット ＞ 生クリームなしで低カロリー。鮭のビタミンDで牛乳のカルシウム吸収率もアップ。

れんこんの
もちっと食感がクセになる

いわしとおろしれんこんの つくね

いわしは小骨ごとたたいて。おろしれんこんでつなぐとふんわりします。

| 材料 (2人分) |

いわしの開き（フライ用）——— 4枚
れんこん ——————————— 150 g
しょうがのみじん切り ——— 1かけ分 (15g)
塩 ——————————————— 小さじ 1/3
白いりごま ——————————— 小さじ 1
青じそ ——————————————— 1枚
オリーブ油 ——————————— 大さじ 1

| 作り方 |

1 > いわしは尾びれを切り落とし、包丁で小骨ごと身をたたく。れんこんはすりおろす。

2 > ポリ袋に **1**、しょうが、塩、白いりごまを入れてよく混ぜる。8等分の平丸に成形する。

3 > フライパンにオリーブ油を弱めの中火で熱し、**2** を並べ入れる。表面がカリッとして中に火が通ったら火を止める。

4 > 器に青じそを敷いて **3** を盛り、塩少々（分量外）をふる。

美肌 > いわしのDHA、EPAが肌のくすみ対策に。れんこんはビタミンCが豊富。 **63**

えび × チンゲン菜

食欲のない日にも
おすすめ！

あさり × グリーンアスパラガス

あさりのうまみと
青のりの風味がマッチ

チンゲン菜のえび天あん

コクのあるあんがからんだ青菜もおいしく、追い天かすもお試しあれ。

| 材料(2人分) |

むきえび	150g
チンゲン菜	2株
●煮汁	
だし汁	1と1/2カップ
薄口しょうゆ	大さじ1
みりん・料理酒	各小さじ2
塩	小さじ1/4
片栗粉（倍量の水で溶く）	大さじ1と1/2
天かす	大さじ4

| 作り方 |

1 ＞ チンゲン菜は1枚ずつ葉をはずしてゆで、水けをしっかりきる。4～5cm長さに切って器に盛る。えびは0.5～1cm幅に切る。

2 ＞ 鍋に煮汁の材料を入れて中火にかけ、ひと煮立ちさせたらえびを加えて1～2分煮る。

3 ＞ 火からおろし、混ぜながら水溶き片栗粉を加える。再び火にかけ、煮立ったら火を止め、天かすを加える。味をみて塩少々（分量外）でととのえ、1の器に盛る。好みでさらに天かすをのせても。

リカバリー ＞ 栄養満点で免疫力アップに役立つチンゲン菜は、β-カロテンもとれる。

あさりとアスパラの
バター蒸し 青のり仕立て

ふっくら蒸しあさりに香りのいいあん。塩分はあさりにより加減を。

| 材料(2人分) |

あさり（砂抜きしたもの）	250g
グリーンアスパラガス	5本
バター	10g
料理酒	1/4カップ
青のり	大さじ1
塩	ひとつまみ
片栗粉（倍量の水で溶く）	小さじ2

| 作り方 |

1 ＞ アスパラガスは根元を少し落とし、根元から1/3の皮をむいて食べやすい大きさの斜め切りにする。

2 ＞ フライパンにあさり、1、バター、水3/4カップ、酒を入れて中火にかけ、沸騰したらふたをして弱めの中火で3分蒸す。

3 ＞ 火からおろし、蒸し汁を残してあさりとアスパラガスを器に盛る。

4 ＞ 残った蒸し汁に青のり、塩を加えてざっと混ぜ、水溶き片栗粉を加えて中火にかける。しっかり煮立たせ、味をみて塩（分量外）でととのえて3にかける。

おつまみにも
おすすめの一品です

まぐろとトマトの
ごま油あえ

切って合わせてあえるだけ！　のりのうまみで簡単においしくなります。

材料（2人分）

まぐろ（さく・刺身用）	150g
トマト	中1個
塩	小さじ1/3
焼きのり	全形1枚
ごま油	小さじ2

作り方

まぐろ、トマトは2cm角に切ってボウルに入れる。ごま油、塩、手でちぎったのりを加えてあえる。味をみて塩（分量外）でととのえる。

スタミナ ＞ まぐろはたんぱく質のほか、抗疲労成分のイミダペプチドが豊富。

パンにも合うオリーブ油仕立て

帆立ときゅうりの
塩昆布あえ

きゅうりは皮をむくことで帆立の食感と合い、色合いもきれいに。

材料（2人分）

きゅうり	2本
● 下味	
塩	小さじ ¼
帆立貝柱（刺身用）	100g
● 合わせ調味料	
塩昆布	10g
オリーブ油	小さじ 2
酢	小さじ 1

作り方

1 ＞ きゅうりはピーラーで皮をむき、5mm幅の斜め切りにする。下味の塩をふってなじませ、5分おき、水けを絞る。帆立は厚みを半分に切る。

2 ＞ ボウルに1を入れ、合わせ調味料の材料を加えてよくあえる。味をみて塩（分量外）でととのえる。

Egg & Beans

卵・大豆素材

×

vegetable

野菜

の
おかず

肉も魚も冷蔵庫にない！　そんなときに役立つの
が、卵や大豆製品。卵には体に必要な必須アミノ
酸がバランスよく含まれ、たんぱく質食材のなか
でもとくに優秀。大豆製品は、下ごしらえいらず
でさっと調理に使えるのがとても便利。どちらも
やさしい食感なので、食欲が落ち気味なときや疲
れがたまっているときなど、消化に負担をかけず
にエネルギー摂取したいときにおすすめです。大
豆製品は低脂質なのでダイエット中も安心。

胃が疲れてるときに やさしくしみわたる

小松菜と卵の 煮びたし

小松菜が香る、すっきり塩仕立て。夏は冷やして食べても最高!

| 材料(2人分) |

卵	2個
小松菜	1袋
塩	ひとつまみ
●煮汁	
だし汁	1カップ
塩	小さじ ½
みりん	小さじ1
ごま油	小さじ1

| 作り方 |

1 > 小松菜は4〜5cm長さに切る。

2 > フライパンにごま油を中火で熱し、小松菜の茎の部分、塩を入れて炒める。油がまわったら端に寄せて卵を割り入れる。

3 > 白身が白くなったら茎の上に葉をのせ、煮汁の材料を加えてひと煮立ちさせる。小松菜全体をざっと混ぜ、ふたをして弱めの中火で3分煮る。器に盛り、好みでしょうゆをかける。

みそ×にんにくの相性がバツグン

厚揚げとなすの にんにく梅みそ煮

梅のほのかな酸味が隠し味。甘めの煮ものがちょっとあか抜けた味に！

| 材料 (2人分) |

厚揚げ	1枚
なす	大2本
●合わせ調味料	
だし汁	1と½カップ
砂糖	大さじ3
みそ	大さじ2
しょうゆ	大さじ1
おろしにんにく	1片分
梅干し（塩分濃度10％）	2個
ごま油	大さじ½

| 作り方 |

1 ＞ 厚揚げはひと口大に切る。なすは乱切りにする。

2 ＞ フライパンにごま油を中火で熱し、厚揚げ、なすを炒める。油がまわったら合わせ調味料の材料、梅干し（皮を破って種ごと）を加えてひと煮立ちさせ、中火で15分煮る。梅干しをほぐしながら全体を混ぜ、火を強めて煮汁が⅓量くらいになるまで煮つめる。

スタミナ ＞ 鉄が不足すると疲れがちに。厚揚げは鉄分豊富で梅干しのクエン酸で吸収アップ。

ビタミンC豊富な パセリをたっぷり！

パセリ豆腐炒め

脇役になりがちなパセリをどっさり入れて香りよく。アツアツをどうぞ。

| 材料 (2人分) |

木綿豆腐	1丁（350g）
パセリ	5枝分（50g）
にんにく（つぶす）	1片分
塩	小さじ 1/3
しょうゆ	小さじ 1
オリーブ油	大さじ 1

| 作り方 |

1 ＞ 豆腐はペーパータオルに包み、10分ほどおいて手で軽く崩す。パセリは葉を粗く刻む。

2 ＞ フライパンにオリーブ油、にんにくを入れて中火にかけ、きつね色になったら取り出す。

3 ＞ 豆腐を加えて強火で炒め、水けがとんだらパセリを加えてさっと炒め合わせる。パセリがしんなりとしたら塩、しょうゆを加えて味をととのえる。

美肌 ＞ パセリは野菜の中でもトップクラスの栄養価。さっと炒めてビタミンC損失も最小限に。

たらこのプチプチ食感がアクセント

豆腐とほうれん草の
たらこ豆乳クリーム煮

ノンオイルで低カロリーでも、豆乳のコクとたらこの塩味で大満足。

材料(2人分)

木綿豆腐	1丁（350g）
ほうれん草	½袋
たらこ	60g
●煮汁	
だし汁	1カップ
薄口しょうゆ	小さじ2
みりん	小さじ1
無調整豆乳	½カップ
片栗粉（倍量の水で溶く）	大さじ1

作り方

1 > 豆腐はペーパータオルに包み、水けを拭き取る。ほうれん草は食べやすい長さに切り、水に5分ほどさらしてしっかり水けをきる。たらこは皮を取り、身をほぐす。

2 > フライパンに煮汁の材料を入れて中火にかけ、煮立ったら豆腐を手でざっくりと崩しながら加え、ほうれん草も加えて2～3分煮る。

3 > 豆乳、たらこを加えてやさしく全体を混ぜたら火から下ろし、混ぜながら水溶き片栗粉を加える。再び中火にかけてよく煮立たせる。

にんじんたっぷり。
油を使わないヘルシーメニュー

蒸し豆腐の
にんじんあんかけ

にんじんはスライサーで極細に切るのがコツ。好みで辛みを加えても。

材料(2人分)

絹ごし豆腐	1丁
●下味	
塩	ひとつまみ
にんじん	小1本
料理酒	1/4カップ
青じそ	5枚
●あん	
だし汁	1カップ
薄口しょうゆ	小さじ2
みりん	小さじ1/2
塩	小さじ1/4
片栗粉(倍量の水で溶く)	小さじ2

作り方

1 ＞ にんじんはスライサーで極細切りにしておく。豆腐は半分に切って下味の塩をまんべんなくふる。青じそはせん切りにする。

2 ＞ フライパンに豆腐、水1/2カップ、酒を入れて中火にかけ、沸騰したらふたをして弱めの中火で10分蒸す。

3 ＞ 小鍋にあんの材料を入れて中火にかけ、沸騰したらにんじんを加え、弱火で3〜4分煮る。火を止めてよく混ぜ、水溶き片栗粉を加えて再び火にかけ、よく煮立たせる。味をみて塩(分量外)でととのえる。

4 ＞ 器に水けをきった **2** を盛り、**3** をかけ、青じそをのせる。

ダイエット ＞ ノンオイル、低カロリーで、にんじんは抗酸化成分のカロテン豊富。 **73**

P.18
鶏むね肉と長いもの**梅**バターソテー

P.16
鶏肉とキャベツの**梅**スープ煮

こんな料理に使っています

私にとって梅干しは調味料のひとつ。
「さ・し・す・せ・そ・う」なんです

和食はもちろん、洋食やエスニックなど、ジャンルを問わず梅干しを調味に使ってます。たとえば、煮ものやスープに加えるとフルーティーな風味が味に立体感を出し、料理を格上げしてくれます。ほどよい酸味と塩けも素材の味を引き出し、とくに材料が少ない2素材レシピにはマスト！　いつもの料理にもさりげない変化がつき、飽きずに楽しめます。

蒸しものに

煮ものに

P.49
豚ひき肉とズッキーニの**梅**クミン蒸し

P.70
厚揚げとなすのにんにく**梅**みそ煮

Soup

具たっぷり
スープ

と

One Bowl Recipe

ワンボウル
ごはん

いろいろな具材を楽しむのもいいけれど、2素材のシンプルスープもぜひ味わってみてほしい。うまみが溶け込んだクリアな味は、心身にしみわたるおいしさ。疲れているときにもぴったりです。スープにすると、野菜がくたくたになってたっぷり食べられるのもいいのです。そして、覚えておくと絶対に役立つのが、おかずとご飯を兼ねたワンボウルメニュー。カレーやシチュー、丼、炊き込みなど、2素材ならあっという間に作れます。

鶏肉とレタスの塩レモンスープ

レタスが残ったらスープにすると、かさが減って量も使いきれます。
レモンとバターの香りにもいやされ、鶏むね肉がおいしくなります。

レタスがたっぷり！
たんぱく質もしっかりとれます

材料（2人分）

鶏むね肉	120g
片栗粉	小さじ1と1/2
レタス	1/2個
●スープの調味料	
バター	5g
レモン汁	小さじ1
塩	小さじ1/2
粗びき黒こしょう	適量

作り方

1 > 鶏肉は薄切りにしてから細く切り、片栗粉をまぶす。レタスは細切りにする。

2 > 鍋に水2カップを入れて中火にかけ、沸騰したら鶏肉を入れる。ふたをして弱火で5分煮る。

3 > レタス、スープの調味料を加えて軽く煮立て、味をみて塩（分量外）でととのえる。器に盛り、粗びき黒こしょうをふる。

たら × 長ねぎ

魚のうまみがしみ出た
スープが味わい深く

たらと塩昆布、
長ねぎの韓国風スープ

にんにくとごま油の香りで満足感あり。ご飯を入れてもおいしい！

| 材料 (2人分) |

たら	1切れ
塩	少々
長ねぎ（白い部分）	1本分
乾燥わかめ	5g
塩昆布	15g
●スープの調味料	
白いりごま	小さじ1
ごま油	小さじ1
おろしにんにく	小さじ1/2

| 作り方 |

1 ＞ たらは塩をふって5〜10分おき、ペーパータオルで水けを拭いて3〜4等分に切る。長ねぎは斜め切り、わかめは水でもどして水けをきる。

2 ＞ 鍋に水2カップ、長ねぎを入れて中火にかけ、ひと煮立ちさせる。たら、わかめ、塩昆布、スープの調味料を加えて弱火で3分煮る。味をみて塩（分量外）でととのえる。

ダイエット ＞ たらは低脂質で高たんぱく。ビタミンB$_{12}$が豊富で貧血予防にも。

ラー油を垂らしてもおいしい

きゅうりとザーサイの
ピリ辛卵スープ

ザーサイのうまみで中華風に。にゅうめんのスープにもおすすめ。

| 材料(2人分) |

卵 ———————————— 2個
きゅうり ———————————— 1本
味つきザーサイ ———————— 40g
● スープの調味料
　薄口しょうゆ ————— 小さじ1と1/2
　おろししょうが ————— 小さじ1
　塩 ————————————— 小さじ1/4
太白ごま油（または米油）—— 小さじ1

| 作り方 |

1 ＞ 卵は溶きほぐす。きゅうりは皮をむいて細切り、ザーサイは粗みじん切りにする。

2 ＞ 鍋にごま油を熱し、ザーサイを炒める。水2カップ、スープの調味料を加えてひと煮立ちさせたら、きゅうりを加えて弱めの中火で1〜2分煮る。溶き卵を回し入れ、菜箸でゆっくり混ぜる。味をみて塩（分量外）でととのえる。

しょうがとすりごまで
風味よく仕上げて

鶏ささみ × チンゲン菜

ちょっとピリ辛。
体が温まります

さばとオクラの
ごまみそ汁

相性抜群の組み合わせ。さば缶は汁ごと加え、栄養を余さずいただきます。

| 材料 (2人分) |

さば水煮缶	1缶（200g）
オクラ	8本
青じそ	10枚
しょうがのせん切り	1かけ分（15g）
白すりごま	大さじ1と½
みそ	大さじ1と½

| 作り方 |

1 ＞ オクラは斜め3等分に切る。青じそはせん切りにする。

2 ＞ 鍋に水1と½カップ、しょうが、さば缶を汁ごと入れて中火にかけ、ひと煮立ちさせたらオクラを加え、弱めの中火で2分煮る。

3 ＞ 白すりごまを加えて火を止め、みそを溶き入れる。器に盛り、青じそをのせる。

スタミナ ＞ さば缶は汁にも栄養が溶け、骨ごと食べられてカルシウム補給にも。

ささみとチンゲン菜の麻辣スープ

ささみでだしをとったノンオイルスープ。微量のカレー粉で本格風味に。

| 材料 (2人分) |

鶏ささみ	2本
料理酒	大さじ2
チンゲン菜	2株
● スープの調味料	
塩	ひとつまみ
豆板醤	小さじ¼〜½
酢・しょうゆ	各大さじ1
カレー粉	極少々
片栗粉（倍量の水で溶く）	小さじ1と½
おろししょうが	適量
細ねぎ	適量

| 作り方 |

1 ＞ 小鍋にささみ、水2カップ、酒を入れて中火にかけ、沸騰直前でふたをし、弱火で7分煮る。ささみを取り出してさまし、食べやすくほぐしておく。

2 ＞ チンゲン菜は3cm幅に切り、細ねぎは小口切りにする。

3 ＞ 1のゆで汁にスープの調味料を加えて中火にかけ、ひと煮立ちさせたら、チンゲン菜を加えて1〜2分煮る。火からおろし、混ぜながら水溶き片栗粉を加える。再び中火にかけ、よく煮立たせる。味をみて塩（分量外）でととのえる。

4 ＞ 器に盛り、ささみ、おろししょうがをのせて細ねぎを散らす。

リカバリー ＞ 鶏肉のイミダペプチド、豆板醤のカプサイシンで疲労回復に効果的。

フライパンで簡単！
おもてなしにも

Rice

ONE BOWL RECIPE

たことじゃがいもの ガリシア風炊き込み

プリプリのたことホクホクじゃがいもがおいしいスペイン風炊き込み。
たこのうまみを吸った米が絶品で、おこげもおいしい！

| 材料 (2〜3人分) |

ゆでたこ	100g
じゃがいも	1個
にんにく（つぶす）	1片分
米	1合
白ワイン	大さじ1
塩	小さじ 2/3
パプリカパウダー	適量
オリーブ油	小さじ2

| 作り方 |

1 > たこ、じゃがいもは食べやすい大きさに切る。

2 > フライパンにオリーブ油、にんにくを入れて弱火にかけ、香りが出たらたこを加え、中火で軽く炒める。

3 > 米を加えて炒め、透明になったら水1カップ、白ワイン、塩を加え、じゃがいもをのせてふたをする（ふたの蒸気穴はアルミホイルを丸めたものなどでふさぐ）。沸騰したら弱火にして15分炊く。

4 > 炊き上がったら5分ほど蒸らし、パプリカパウダーをふる。好みでくし形に切ったレモン（分量外）を添える。

(**Point!**)

具材を炒めてから炊く時短レシピ。フライパンのまま、テーブルに出しても！

スタミナ > たこはタウリンが豊富で肝機能を高め、疲労回復効果が期待できます。

隠し味はお酢。
うまみが加わります

Rice
ONE BOWL RECIPE

おろしれんこんチキンカレー

おろしれんこんでとろみづけ。油も小麦粉も使わずヘルシー。

| 材料(2人分) |

鶏もも肉	200g
れんこん	200g
にんにく（つぶす）	1片分
料理酒・水	各¼カップ
塩	小さじ¼
● 合わせ調味料	
みりん	大さじ1
塩	小さじ½
カレー粉	小さじ2
酢	小さじ1
ご飯	適量
粗びき黒こしょう	適量
三つ葉	適量

| 作り方 |

1 ＞ れんこんは130gをすりおろし、残りは1cm角に切る。鶏肉は小さめのひと口大に切る。

2 ＞ フライパンに鶏肉、にんにく、酒、水、塩を入れ、ふたをして中火にかける。沸騰したら弱火にして4分煮る。

3 ＞ れんこん、水2カップ、合わせ調味料の材料を加えてさっと混ぜ、再び沸騰したら弱めの中火でふたをせずに12分煮る。焦げないように途中でときどき混ぜる。味をみて塩（分量外）でととのえる。

4 ＞ 器にご飯を盛り、**3**をかけて粗びき黒こしょうをふる。刻んだ三つ葉を飾る。

鍋炊きがおすすめ。おこげがおいしいんです。

豚とかぶの炊き込みご飯

豚肉は香ばしく焼き、かぶはごろごろに。主役級の食べごたえです。

| 材料（2〜3人分）|

豚バラ薄切り肉	80g
かぶ	2個
米	1合
料理酒	大さじ1
薄口しょうゆ	小さじ2
塩	適量
粗びき黒こしょう	適量
三つ葉	適量
オリーブ油	小さじ1/2

炊飯器で作るときは

炊飯器の内釜に米、料理酒、薄口しょうゆを入れて1合の目盛りまで水を加える。豚肉、かぶをのせ、粗びき黒こしょうをふって炊飯する。

| 作り方 |

1 > 米は洗ってざるにあげ、30分おく。豚肉は食べやすい大きさに切る。かぶは4等分のくし形に切る。

2 > フライパンにオリーブ油を中火で熱し、豚肉を焼く。カリカリになったら取り出し、かぶ、塩ひとつまみを加えて焼く。かぶの表面にこんがりと焼き色がついたら取り出す。

3 > 鍋に米を入れて水1カップ、酒、薄口しょうゆ、塩ひとつまみを加え、**2**をのせる。粗びき黒こしょうをふり、中火で5分ほど炊く。沸騰したら弱火にして15分ほど炊き、火を止めて5分蒸らす。ざく切りにした三つ葉を加え、さっくりと混ぜる。

スタミナ > 豚肉のビタミンB1がご飯の糖質を代謝し、エネルギーを補給。 **85**

しょうがの効いた
ナンプラーだれでいただきます

鶏むね肉と
アボカドの
エスニック風丼

しょうがをガツンと効かせて、食べた後は体の中からポカポカ！
火を使わずに調理できる気楽さも、うれしいポイントです。

｜ 材料 (2人分) ｜

鶏むね肉 ——————— 200g
● 下味
｜ 塩 ————————— 少々
料理酒 ————————— 適量
アボカド ——————— 1/2 個
ご飯 —————————— 適量
● たれ
｜ おろししょうが ——— 50g
｜ ごま油 ——————— 大さじ1
｜ ナンプラー ————— 小さじ1
｜ レモン汁 —————— 小さじ1
｜ 塩 ————————— 小さじ 1/2
｜ 粗びき黒こしょう —— 適量
細ねぎの小口切り ——— 適量
ごま油 ————————— 少々

｜ 作り方 ｜

1 ＞ 鶏肉はところどころフォークで穴を開け、耐熱容器に入れて下味の塩をふり、肉に少しかぶるくらいの酒をかける。ふんわりとラップをかけ、電子レンジで4分加熱する。上下を返してさらに4分加熱する。粗熱をとり、2cm角に切る。

2 ＞ アボカドは2cm角に切り、ボウルに入れて**1**、たれの材料を加えてあえる。味をみて塩（分量外）でととのえる。

3 ＞ 器にご飯を盛り、**2**をのせる。細ねぎをふり、食べるときにごま油をたらす。好みでレモンを絞る。

豚ひき肉 × 白菜

Rice
ONE BOWL RECIPE

火の通りが早いから
作るのもラク！

牛切り落とし肉 × しめじ

禁断のシチューがけご飯！
山椒が効いた大人味

88

豚ひき肉と白菜の
しょうがシチュー

ご飯に合い、風邪気味のときも栄養が補えてすっきり食べやすい！

| 材料 (2人分) |

豚ひき肉 ——————— 150g
白菜 ————————— 200g
しょうが ——————— 50g
バター ———————— 20g
塩 ————————————— 適量
小麦粉 ——————— 大さじ2
牛乳 ———————— ½カップ
● ごまご飯
　ご飯 ————— 丼2杯分 (400g)
　太白ごま油 ————— 小さじ1
　白いりごま ————— 小さじ1
　塩 ————————————— 少々

| 作り方 |

1 ＞ 白菜は1.5㎝幅のざく切りにする。しょうがは30gをすりおろし、20gをせん切りにする。

2 ＞ フライパンにバターを溶かし、ひき肉を中火で炒める。肉の色が変わったら白菜、塩小さじ¼を加え、全体を混ぜながら炒める。

3 ＞ 白菜がくたっとして水分が出てきたら小麦粉をふり入れて、粉っぽさがなくなるまで炒める。水1カップ、牛乳、塩小さじ⅓、おろししょうがを加え、ふたをして弱めの中火で5分煮る。好みの濃度になるまで煮つめ、味をみて塩でととのえる。

4 ＞ ボウルにごまご飯の材料を入れて混ぜ、器に盛る。**3**をかけ、せん切りのしょうがを添える。

リカバリー ＞ 豚肉のビタミンB₁と白菜のビタミンCで疲労回復＆風邪予防にも◎。

牛肉としめじの山椒クリームご飯

サラッとした食感で、かために炊いたご飯や玄米とも相性抜群です。

| 材料 (2人分) |

牛切り落とし肉 ——————— 160g
● 下味
　塩 ————————— ひとつまみ
しめじ ——————————— 1袋
料理酒 —————————— ¼カップ
生クリーム ————————— ½カップ
薄口しょうゆ ————— 小さじ1と½
粉山椒 ———————— 2～3ふり
ご飯 ————————————— 適量
白いりごま ————————— 適量

| 作り方 |

1 ＞ 牛肉は下味の塩をふる。しめじは石づきを落としてほぐす。

2 ＞ フライパンにしめじを入れ、その上に牛肉を広げてのせる。水½カップ、酒を加えて中火にかけ、沸騰したらふたをし、弱めの中火で5分蒸す。

3 ＞ 生クリーム、薄口しょうゆ、粉山椒を加え、中火にして4分煮る。味をみて塩（分量外）でととのえる。

4 ＞ 器にご飯を盛り、**3**をかけて白いりごまをふる。

リカバリー ＞ 山椒の香りで食欲増進。きのこの食物繊維で腸内環境が整う効果も。

旬のおいしいかつおが
手に入ったらぜひ

Rice
ONE BOWL RECIPE

かつおのたたきと
玉ねぎのタルタル丼

火を使わないがっつり系の丼レシピ。
かつおの臭みを玉ねぎとマヨネーズがやわらげ、満足感もアップします。

| 材料 (2人分) |

かつおのたたき───────120g
玉ねぎ───────────½ 個
青じそ───────────10枚
● たれ
　マヨネーズ───────大さじ1
　しょうゆ────────小さじ2
　白いりごま───────小さじ1
　ごま油─────────小さじ1
　おろしにんにく─────小さじ½
　塩──────────────少々
ご飯────────────適量

| 作り方 |

1 ＞ かつおは1㎝角に刻む。玉ねぎは粗みじん切りにし、水に5分さらしてざるにあげ、水けをきる。青じそは粗く刻む。

2 ＞ ボウルに **1**、たれの材料を入れてよく混ぜる。味をみて塩（分量外）でととのえる。

3 ＞ 器にご飯を盛り、**2** をのせる。

(**Point!**)

お酒にも合うおかずなので、ご飯にのせ
ずにそのまま盛りつけ、おつまみにする
のもおすすめ。お通し感覚でどうぞ。

角切りにすれば
パスタの具材にも

隠し味のみりんで
まろやかに仕上げます

Pasta

ONE BOWL RECIPE

ぶり大根のオイルパスタ

酒と塩で臭み消し。ぶりのうまみを吸った大根とパスタが絶品！

材料（2人分）

ぶり	2切れ
大根	1/8本（130g）
スパゲティ	160g
塩	適量
しょうが	1かけ（15g）
料理酒	大さじ1
粗びき黒こしょう	少々
オリーブ油	大さじ1と1/2

作り方

1 > 鍋に湯2リットルを沸かし、塩大さじ1と1/3（湯の約1％）を加え、スパゲティを袋の表記時間より1〜2分短くゆでる。

2 > ぶりは骨を抜いて1.5cm角に切り、塩小さじ1/4を全体にふってなじませる。大根はぶりと同じ大きさに切る。しょうがはみじん切りにする。

3 > フライパンにオリーブ油、しょうがを入れて弱火で熱し、香りが出たら大根、塩ひとつまみを加えて中火で炒める。大根が透き通ったらぶり、酒を加えてさらに炒める。

4 > スパゲティのゆで汁をおたま2杯（1/2カップ）加え、2〜3分煮る。1を加え、強火で混ぜながら汁けをとばす。味をみて塩でととのえる。器に盛り、粗びき黒こしょうをふる。

美肌 > ぶりはビタミンB₂が豊富。脂質代謝を助け、皮脂の分泌を適正に。

あじとミニトマトのパスタ

刺身用あじで気軽に。ミニトマトは具としてまるごと使って。

材料（2人分）

あじ（刺身用）	100g
ミニトマト	15〜20個（200g）
スパゲティ	160g
塩	適量
にんにく	1片
みりん	小さじ1/2
オリーブ油	小さじ2

作り方

1 > 鍋に湯2リットルを沸かし、塩大さじ1と1/3（湯の約1％）を加え、スパゲティを袋の表記時間より1〜2分短くゆでる。

2 > あじは包丁で軽くたたく。にんにくはみじん切りにする。

3 > フライパンにオリーブ油、にんにくを入れて弱火で熱し、香りが出たらあじを炒める。色が変わったらミニトマト、スパゲティのゆで汁をおたま2杯（1/2カップ）、みりん、塩小さじ1/3を加えてふたをし、ときどき混ぜながら中火で煮る。1を加え、強火で混ぜながら汁けをとばす。味をみて塩でととのえる。

美肌 > トマトの抗酸化成分のリコピンは、加熱で細胞をこわすと効率よくとれます。

素材別インデックス

この本で紹介したレシピで使ったおもな素材
をピックアップ。おうちにある素材で作りた
いときなどに活用してください。

| 著者紹介 |

長谷川あかり

1996年、埼玉県生まれ。料理家、管理栄養士。10歳から子役、タレントとして活動。芸能活動引退後、大学で栄養学を学び管理栄養士の資格を取得。2022年から始めたSNSでのレシピ投稿が大反響を呼び、瞬く間に人気アカウントに。雑誌やWEBのレシピ連載、テレビ番組やイベントへの出演など幅広く活躍中。

材料2つと
すこしの調味料で
一生モノのシンプルレシピ

2023年9月30日　　第1刷発行
2024年9月20日　　第5刷発行

著者　　　　　長谷川あかり
発行者　　　　矢島和郎
発行所　　　　株式会社飛鳥新社
　　　　　　　〒101-0003
　　　　　　　東京都千代田区一ツ橋2-4-3 光文恒産ビル
　　　　　　　電話03-3263-7770（営業）
　　　　　　　　　　03-3263-7773（編集）
　　　　　　　https://www.asukashinsha.co.jp

撮影　　　　　三村健二
デザイン　　　細山田光宣+奥山志乃（細山田デザイン事務所）
校閲　　　　　滝田 恵（シェルト＊ゴ）
取材／編集　　坂本典子（シェルト＊ゴ）
　　　　　　　佐藤由香（シェルト＊ゴ）
　　　　　　　山﨑さちこ（シェルト＊ゴ）

製版　　　　　東京カラーフォト・プロセス株式会社
印刷・製本　　中央精版印刷株式会社

ISBN 978-4-86410-973-4
©Hasegawa Akari 2023, Printed in Japan

編集担当　　　石井康博

飛鳥新社
公式X（Twitter）

お読みになった
ご感想はこちらへ